Lynn-Sven Kohl & Ulrike Stolz

Das Wettrennen

20 Bildergeschichten zum Schmunzeln

Mit witzigen Zeichnungen von Heinz Wildi

KOHL VERLAG
Lernen mit Erfolg
Der Verlag mit dem Baum
www.kohlverlag.de

Möchten Sie mehr vom Kohl-Verlag kennen lernen? Dann nutzen Sie doch einfach unsere komfortable und informative Homepage! Dort erwarten Sie wertvolle Informationen rund um unser gesamtes Sortiment sowie aussagekräftige Leseproben zu jedem lieferbaren Produkt!

www.kohlverlag.de

„Das Wettrennen" – 20 Bildergeschichten zum Schmunzeln

3. Auflage 2011
© Kohl-Verlag, Kerpen 2007
Alle Rechte vorbehalten.

Zeichnungen: Heinz Wildi
Inhalt: Lynn-Sven Kohl & Ulrike Stolz
Grafik & Satz: Kohl-Verlag
Druck: farbo print + media, Köln

Bestell-Nr. 10 682

ISBN: 978-3-86632-682-8

Inhalt

Vorwort — Seite 4

Methodische Möglichkeiten — Seite 5

1.) Der frischgebackene Kuchen — Seiten 6 - 7
2.) Der Knallerpreis — Seiten 8 - 9
3.) Fernsehverbot — Seiten 10 - 11
4.) Die Steinschleuder — Seiten 12 - 13
5.) Das letzte Brot — Seiten 14 - 15
6.) Der gefährliche Gehweg — Seiten 16 - 17
7.) Der Ausverkauf — Seiten 18 - 19
8.) Der fleißige Tankstellenbesitzer — Seiten 20 - 21
9.) Der Angsthase — Seiten 22 - 23
10.) Regeln, Regeln! — Seiten 24 - 25
11.) Autogrammstunde — Seiten 26 - 27
12.) Der Briefträger — Seiten 28 - 29
13.) Das Wettrennen — Seiten 30 - 31
14.) Waldbrandgefahr — Seiten 32 - 33
15.) Geruchsbelästigung — Seiten 34 - 35
16.) In der Ruhe liegt die Kraft — Seiten 36 - 37
17.) Der Obstkuchen — Seiten 38 - 39
18.) Frische Fische — Seiten 40 - 41
19.) So ein Durst! — Seiten 42 - 43
20.) Sauberkeit am Arbeitsplatz — Seiten 44 - 45

Zur Person von Heinz Wildi — Seite 46

Vorwort

Die Bildergeschichte „Das Wettrennen" gab diesem Band seinen Namen. Aber nicht nur die hier gesammelten 20 Bildergeschichten können miteinander ein Wettrennen um den besten Platz veranstalten, sondern oft genug fühlen sich unsere Schüler beim Verfassen von Aufsätzen auch wie auf einer Laufstrecke. Die Bildergeschichten werden je nach dem Betrachter verschiedene Positionen auf dem Siegertreppchen erhalten. Bei der Bewertung der entstandenen Aufsätze der Schüler hängt es dagegen weniger vom Betrachter ab, sondern von klar definierten Regeln. Diese sollten den Schülern vermittelt werden, sodass sie, bildlich gesprochen, alle mit gleichen Voraussetzungen in das Wettrennen um einen guten Platz beim Aufsatzschreiben starten können.

Natürlich sind die vorliegenden Bildergeschichten nicht nur für den Aufsatzunterricht geeignet. Auch die sozialen Aspekte bieten verschiedene Verwendungsmöglichkeiten an. Das eigene Verhalten wird hinterfragt, gemeinsam wird über Werte und Normen diskutiert. Deshalb ist auch nicht nur das Fach Deutsch zur Verwendung vorgesehen. Die Bildergeschichten finden ebenfalls in den Fachbereichen Sachkunde, Religion, Ethik oder Sport ihre Verwendung. Zielsetzung ist dabei immer, ein Fazit bzw. eine Lehre aus der Bildergeschichte zu ziehen. Neben Alltagssituationen der Kinder finden sich in diesem Band auch Alltagssituationen aus der „Erwachsenenwelt" wieder. Meist solche, um auch Erwachsene einmal kritisch zu betrachten. Zu fast jeder Geschichte lassen sich entsprechende Sprichwörter oder Weisheiten finden. Somit sind der Kreativität der Schüler keine Grenzen gesetzt.

Viel Spaß beim Bearbeiten der Bildergeschichten wünschen Ihnen

Heinz Wildi, Lynn-Sven Kohl & Ulrike Stolz

Methodische Möglichkeiten

- Die Schüler können fast alle Methoden der Bildergeschichten in Einzel-, Partner- oder Gruppenarbeit bearbeiten.
- Das Vorstellen der Bildergeschichten kann mit folgenden Ideen umgesetzt werden:

  - Alle Bilder werden auf einmal gezeigt.
  - Die Bilder werden alle der Reihe nach vorgestellt, sodass jedes Bild eine Zeit lang auf den Betrachter wirken kann.
  - Die Bildergeschichte wird nur bis zu einem entsprechenden Zeitpunkt vorgestellt, sodass über den Fortgang spekuliert wird.
  - Es wird nur ein Bild der Geschichte gezeigt und gefragt, wie es zu dieser Situation kommen konnte, und wie die Geschichte wohl ausgehen könnte.
  - Die Bilder werden durcheinandergemischt und müssen von den Schülern in die richtige Reihenfolge gesetzt werden.
  - Die Bilder werden zerschnitten und das Puzzle den Schülern vorgegeben.
  - Beim ersten Betrachten der Geschichte wird die Methode „Brainstorming" angewandt.
  - Jedes Bild enthält eine eigene Überschrift von den Schülern.
  - Die Geschichte wird von den Schülern weitergemalt.
  - Verschiedene ausgewählte Bilder der Geschichte werden miteinander verglichen.
  - Die Geschichte wird als Rollenspiel nachgespielt.
  - Die Schüler entwickeln die entsprechenden Dialoge zu den Bildern.
  - Die Schüler fassen die Gedanken der beteiligten Personen in Worte.
  - Die Schüler schreiben ein Theaterstück zu der Bildergeschichte.
  - Die Schüler erfinden Vorgeschichte und Ende.
  - Die Schüler schreiben und erzählen aus verschiedenen Erzählperspektiven.
  - Die Schüler besprechen die Folgen der Geschichte.
  - Die Schüler schreiben eine Parallelgeschichte.
  - Die Schüler können selbst inhaltlich ähnliche Bildergeschichten zeichnen/herstellen.

Viel Spaß bei der kreativen Umsetzung!

1

„Das Wettrennen“
20 Bildergeschichten zum Schmunzeln - Best.-Nr. 10 682
KOHL VERLAG Der Verlag mit dem Baum

1 Der frischgebackene Kuchen

Fächer: Deutsch, Ethik/Religion, Hauswirtschaft/Ernährung

Methodisch-didaktische Überlegungen:

Die vorliegende Bildergeschichte kann nicht nur im Deutschunterricht als Aufsatzvorlage eingesetzt werden. Sie bietet mit dem Hintergrund des „begangenen Diebstahls" und dem „Anderen die Schuld in die Schuhe schieben" auch genügend Einsatzmöglichkeiten in Religion/Ethik. Sie kann auch als witziger Einstieg (z.B. als Folie) im Bereich Hauswirtschaft/Ernährung im Bereich „backen" dienen. Beim ersten Einsatz kann man auch Bild 6 weglassen und den Schülern die Möglichkeit geben, einen eigenen Schluss zu finden. Eine weitere Variante wäre auch, den Schülern die Bilder 1 und 2 vorzulegen und ihnen zu erklären, dass nach einiger Zeit Bild 5 erscheint. Was mag zwischen Bild 2 und Bild 5 geschehen sein?
Weitere interessante Möglichkeiten: das Gespräch zwischen den Kindern / die Standpauke der Mutter zu dem Hund.

Mögliche Überschriften:

- Der (frische) Kuchen; Gaumenfreuden; Die Abkühlung; Diebstahl; Unser frecher Hund Fipsy; ...

Sprichwörter:

- Jemand anderem die Schuld in die Schuhe schieben.

Beteiligte Personen:

- Mutter (Hausfrau), Hund, 3 Kinder

Situation in Stichworten:

- Die Mutter backt einen Kuchen (oder: Die Mutter holt den frisch gebackenen Kuchen aus dem Ofen).
- Sie stellt ihn zum Abkühlen außen auf das Fensterbrett.
- Die 3 Kinder sitzen am Boden außen vor dem Fenster und essen den Kuchen.
- Die Kinder locken den Hund an, damit er das letzte Stück Kuchen frisst.
- Die Mutter entdeckt das leere Fensterbrett.
- Sie sieht den Hund, der vor dem leeren Kuchenblech unterhalb des Küchenfensters steht und sich gerade noch sein Maul ableckt. Sie schimpft ihn aus.

Wichtige Begriffe:

Kuchen, Backofen, Fensterbank, Abkühlung, Diebstahl, Genuss, Hund, Schrecken, Standpauke

wütend, verdutzt, genießen, backen, anlocken, bemerken

Mögliche Erzählperspektiven:

allwissender Erzähler, eines der Kinder als Erzähler

Impulse:

Bild 1: Was macht die Mutter/Hausfrau? Wo ist sie?
Bild 2: Wieso wird der Kuchen auf das Fensterbrett gestellt?
Bild 3: Was machen die Kinder? Wieso essen sie auf der Wiese im Garten?
Bild 4: Wieso locken die Kinder den Hund an?
Bild 5: Was entdeckt die Mutter?
Bild 6: Warum schimpft die Frau mit dem Hund?

Weiterführende Fragen:

Habt ihr schon einmal die Schuld auf jemand anderen geschoben? Kann man schon von Diebstahl reden, wenn es sich „nur" um einen selbstgebackenen Kuchen handelt? Wann fängt Diebstahl an?

2

„Das Wettrennen“
20 Bildergeschichten zum Schmunzeln - Best.-Nr. 10 682
KOHL VERLAG

2 Der Knallerpreis

Fächer: Deutsch, Wirtschaftslehre (Preis/Angebot), Sachunterricht (Einkauf)

Methodisch-didaktische Überlegungen:

Diese Geschichte bietet den Schülern die Möglichkeit, sich mit dem Thema „Einkauf" auseinanderzusetzen. Besonders interessant ist hierbei der Fokus auf das Verhalten, wenn „angebliche" Sonderangebote angepriesen werden. Auch durchaus interessant ist das Verhalten des Ladenbesitzers. Betrügt er die Kunden oder ist er nur besonders geschäftstüchtig? Welche Gedankengänge hatten wohl die Frau und der Mann beim Betrachten des Schaufensters? Hier lassen sich sehr gut die Gedanken in den Aufsatz einbauen. Auch für eine mögliche wörtliche Rede zwischen den Bildern 5 und 6 ist Platz, denn das Weihnachtsgeschenk zum Knallerpreis ist schließlich beiden Beteiligten bekannt.
Der Schluss der Geschichte bietet den Schülern z.B. bei einem Rollenspiel die Möglichkeit, sich (ohne dabei ausfallend zu werden) bei dem Ladenbesitzer zu beschweren. Dies kann eine gute Kommunikationsübung sein.

Mögliche Überschriften:

- Das Einzelstück; Der Knallerpreis; Weihnachtsgeschenke; So eine Überraschung; Geschäftstüchtig; Ein Einzelstück zum Knallerpreis; ...

Sprichwörter:

- Lügen haben kurze Beine, Mit Speck fängt man Mäuse, ...

Beteiligte Personen:

- Mann und Frau (ein Ehepaar)

Situation in Stichworten:

- Der Ehemann steht vor dem Schaufenster eines Elektroladens und betrachtet eine Kaffeemaschine, die als Einzelstück zum Knallerpreis von 150 € angeboten wird.
- Der Mann verlässt den Laden mit einem Paket, das Schaufenster ist nun leer.
- Die Ehefrau läuft an demselben Schaufenster vorbei. Auch ihr Blick fällt auf das vermeintliche Einzelstück zum Knallerpreis. Auch sie kommt mit einem großen Paket in den Händen aus dem Laden.
- Am Weihnachtsabend überreicht sich das Ehepaar jeweils ein gleich aussehendes Paket.
- Beide öffnen ihr Paket und haben sofort den gleichen Gedanken!
- Sie stehen vor dem Elektroladen mit grimmigem Gesichtsausdruck und betrachten das Einzelstück zum Knallerpreis im Schaufenster zum dritten Mal.

Wichtige Begriffe:

Knallerpreis, Einzelstück, Schaufenster, Mann, Frau, Einkauf, Weihnachten, Geschenkpaket, Überraschung, gleiches Weihnachtsgeschenk

neugierig, stolz, beeindruckt, billig, sauer, verärgert, betrogen, ...

Mögliche Erzählperspektiven:

allwissender Erzähler, Mann, Frau

Impulse:

Bild 1: Was denkt sich der Mann, als er vor dem Schaufenster steht? Welches besondere Angebot wird im Schaufenster gezeigt?

Bild 2: Was trägt der Mann aus dem Laden? Wie sieht das Schaufenster nun aus?

Bild 3: Was sieht die Frau im Schaufenster, als sie am Laden vorbeigeht? Womit verlässt sie den Laden?

Bild 4: Was für ein Tag im Jahr ist es? Was hält jeder Ehepartner in den Händen?

Bild 5: Was packen die beiden aus? Woran denken sie plötzlich? Was soll das Ausrufezeichen (!) bedeuten?

Bild 6: Wo befindet sich das Ehepaar? Was hält der Mann in den Händen? Was ist im Schaufenster ausgestellt?

Weiterführende Fragen:

Was ist ein Elektro-Discount-Laden? Was bedeutet Einzelstück und Knallerpreis? Ist der Ladenbesitzer ein Betrüger oder nur geschäftstüchtig?

Seite 10

3 Fernsehverbot

Fächer: Deutsch, Sachunterricht, Sport/Bewegung

Methodisch-didaktische Überlegungen:

„Zu viel fernsehen macht krank", „Bewegung tut gut", „Einstellung zum Fernsehen" sind alles wichtige soziale Themen, die anhand dieser Bildergeschichte thematisiert werden können. Der Gebrauch einer Fernbedienung kann auch zur ersten Beschreibung führen. Damit kennen sich alle Kinder aus. Um die Bildergeschichte zu verdeutlichen, kann man zuerst nur das erste Bild zeigen und die Schüler darüber diskutieren lassen. Das Thema „Fernsehverbot" kommt innerhalb kürzester Zeit zur Sprache. Die Sprechblasen zu Bild 1 und 2 können zuerst versprachlicht werden. So ist die wörtliche Rede schon „vorgefertigt". Sie macht eine Bildergeschichte erst lebendig und steigert die Qualität eines Aufsatzes. Wenn die Kinder die Bildergeschichte nur bis Bild 2 verfolgt haben, können sie Vermutungen anstellen, was der Junge mit der Fernbedienung anstellen will.
Jedes Kind kann bei dieser Geschichte seinen Schluss frei wählen, da das letzte Bild mehrere Möglichkeiten zulässt. Entdeckt die Mutter noch die List des Kindes? Oder fühlt sich der Junge vielleicht schuldig oder besonders listig? Die Kinder können hier ihre eigenen trickreichen Erfahrungen einbringen.

Mögliche Überschriften:

- Die Fernsehsucht; Der Trick; Ausgetrickst; Schönes Wetter; Die Fernbedienung

Sprichwörter:

- Zu viel fernsehen macht krank; Bewegung tut gut;

Beteiligte Personen:

- Mutter, Sohn

Situation in Stichworten:

- Der Sohn sitzt im Fernsehsessel und schaut fern, als seine Mutter hereinkommt und ihn bei diesem schönen Wetter nach draußen zum Spielen schickt.
- Sie macht den Fernseher aus und erteilt ihrem Sohn Fernsehverbot. Der Junge steckt die Fernbedienung ein.
- Der Junge läuft mit einer Leiter auf der Schulter ums Haus herum.
- Auf der Leiter vor dem geöffneten Fenster sitzend schaltet er den Fernseher mit der Fernbedienung ein.
- Die Mutter betritt das Zimmer mit verwundertem Gesichtsausdruck in Richtung Fernseher (war der nicht eben noch in Betrieb?). Der Junge duckt sich schnell unter die Fensterbank, die Fernbedienung noch in der Hand.

Wichtige Begriffe:

Fernseher, Mutter, Sonnenschein, Sessel, Fernbedienung, Leiter, Fenster, List
bewegen, befehlen, ausschalten, einstecken, anmachen, wundern, ...
betrübt, listig, verwundert, schlau, verängstigt, ...

Mögliche Erzählperspektiven:

allwissender Erzähler, Sohn, Mutter (oder ein unbeteiligtes Familienmitglied, nachdem ihm davon berichtet wurde)

Impulse:

Bild 1: Was macht der Junge? Wo befindet er sich? Was verlangt die Mutter von ihrem Sohn? Wie reagiert der Junge auf den Befehl der Mutter (siehe Haltung der Hand)?
Bild 2: Was macht die Mutter und was sagt sie dazu? Wieso lächelt der Junge dabei?
Bild 3: Was trägt der Junge am Haus vorbei?
Bild 4: Wo befindet sich der Junge? Was hält er in der Hand?
Bild 5: Wieso wundert sich die Mutter? Was macht der Junge? Wie ist sein Gesichtsausdruck?

Weiterführende Fragen:

Wie könnte die Geschichte weitergehen? Entdeckt die Mutter noch die List ihres Sohnes? Wie ist euer Fernsehkonsum? Ist der Junge schon „fernsehsüchtig"?

„Das Wettrennen"
20 Bildergeschichten zum Schmunzeln - Best.-Nr. 10 682
KOHL VERLAG Der Verlag mit dem Baum

4 Die Steinschleuder

Fächer: Deutsch, Religion, Ethik

Methodisch-didaktische Überlegungen:

Zeigt man zuerst nur das erste Bild, können die Schüler vermuten, was in dieser Geschichte passieren könnte. So können sie sich im Formulieren üben. Jedes einzelne Bild bietet für sich auch genügend Potential, um ausreichende Redeanlässe für selbsterfundene Geschichten zu bieten. Eine genaue Ausarbeitung kann auch die Sprechblase in Bild 2 liefern. Hier sollte man die wörtliche Rede ausformulieren.
Ab dem zweiten Bild kann man die Schüler folgendes fragen: „Was würdet ihr nach diesem Fehlschuss tun? Würdet ihr euch einfach zu diesem Fehlgriff bekennen?" Man könnte z.B. an der Tafel die einzelnen „Fehlgriffe", welche die Schüler bisher hatten, zur Sprache bringen und notieren. Fast jedem ist sicherlich schon einmal ein unbeabsichtigtes Missgeschick passiert.

Mögliche Überschriften:

- Dosenschießen; Das begabte Baby; Der vermeintliche Schütze; Die zerbrochene Fensterscheibe; Ein Volltreffer mit Folgen

Sprichwörter:

- Jemandem die Schuld in die Schuhe schieben.

Beteiligte Personen:

- 2 Kinder (Junge und Mädchen), ein Kleinkind/Baby, ein Mann (Vater?)

Situation in Stichworten:

- 2 Kinder spielen mit einer Steinschleuder Dosenschießen. Ein kleines Kind sitzt hinter ihnen im Gras. Der Junge hat die Schleuder in der Hand und zielt.
- Aus der Ferne hört man ein Klirren und darauf folgendes Fluchen. Beide Kinder machen ein erschrockenes Gesicht. Die Dose steht noch unberührt da.
- Der Junge gibt dem kleinen Kind im Gras die Steinschleuder in die Hand. Das kleine Kind nimmt diese erfreut entgegen.
- Die beiden Kinder rennen weg. Das kleine Kind bleibt im Gras sitzen.
- Der Mann kommt zu dem im Gras sitzenden Kleinkind. Er sieht es, mit der Steinschleuder in der Hand ruhig dasitzend, verwundert an.

Wichtige Begriffe:

Steinschleuder, Blechdose, Kleinkind, Schreck, Überraschung, ...

zuschauen, schimpfen, klirren, sich erschrecken, in die Hand drücken, verduften, sich wundern, ...

Mögliche Erzählperspektiven:

allwissender Erzähler, Mann (Vater), Kleinkind, eines der beiden Kinder

Impulse:

Bild 1: Was machen die zwei Kinder? Wer ist noch dabei?
Bild 2: Wieso sind die zwei Kinder so erschrocken? Was könnte in der Sprechblase stehen?
Bild 3: Wieso gibt der Junge dem Kleinkind die Steinschleuder in die Hand?
Bild 4: Was machen die Kinder? Welches Gesicht macht das Kleinkind?
Bild 5: Was hält das Kleinkind in der Hand? Wie reagiert der Mann (Vater)?

Weiterführende Fragen:

Werden die Kinder ihre Schuld eingestehen? Was wurde von der Steinschleuder getroffen? Wie wird wohl der Mann (Vater) reagieren?

5

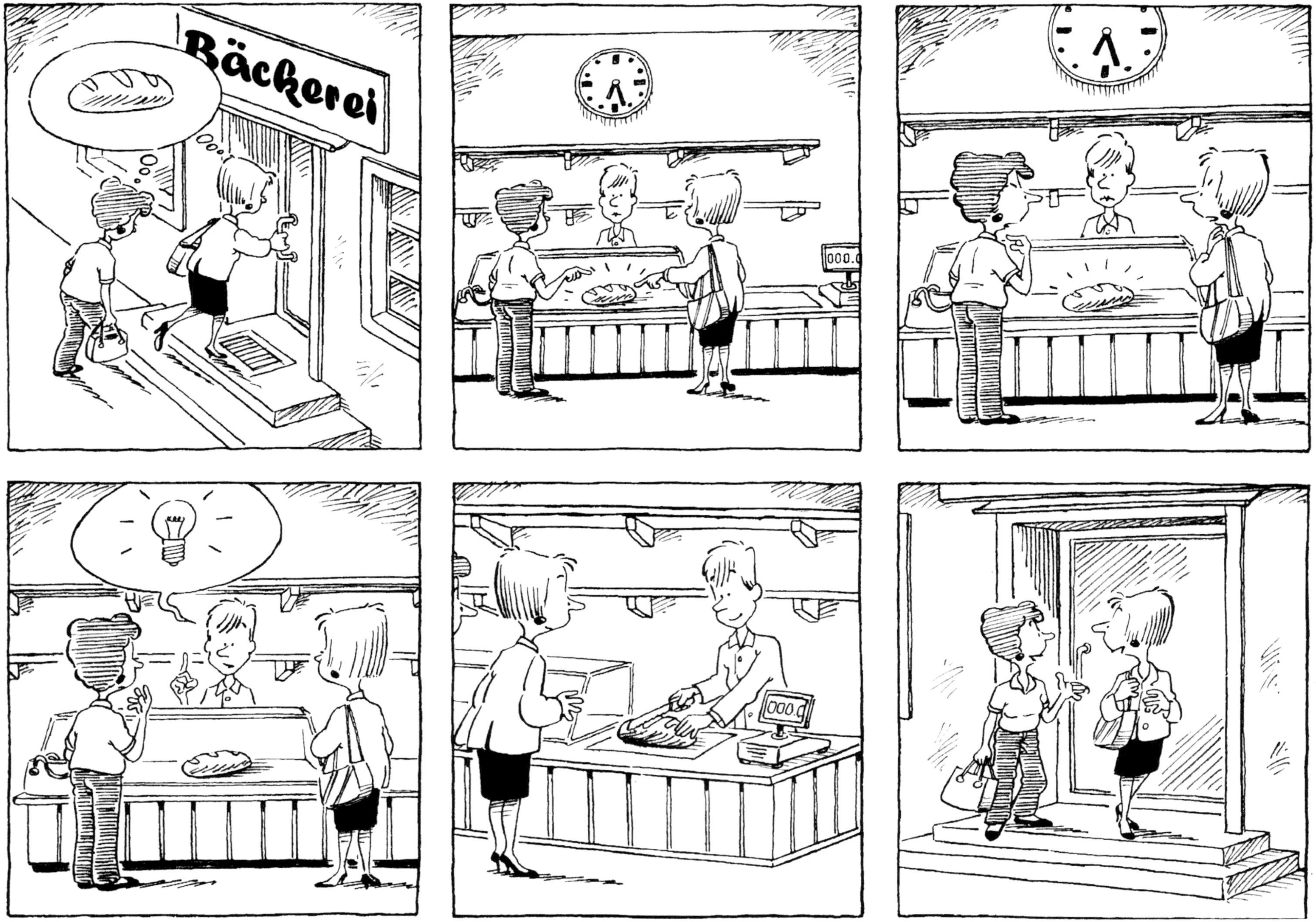

5 Das letzte Brot

Fächer: Deutsch, Sachunterricht, Religion/Ethik (Konfliktbewältigung)

Methodisch-didaktische Überlegungen:

Das vorliegende Bildmaterial eignet sich ganz hervorragend zum Einsatz eines Rollenspiels. Die Schüler profitieren anhand der hier trainierten Dialoge auch für die wörtlichen Reden in ihren Aufsätzen. Zusätzlich lassen sich damit gut soziale Kompetenzen wie das „Teilen", „nicht immer auf das eigene Recht bestehen" oder „nachgeben" versprachlichen. Außerdem können noch folgende Aspekte aufgegriffen werden:
- Ist es „Frauenarbeit", einzukaufen?
- Wie entstehen gute Ideen?
- Wie kann man einen Konflikt lösen?
- Welche Adjektive und Verben beschreiben die Reaktion der drei Frauen?
- Wieso spielt die Uhrzeit in der Bildergeschichte eine Rolle?
- Was weißt du über eine Bäckerei?
- Was denken sich die beiden Frauen beim Betreten des Ladens?

Mögliche Überschriften:

- Ladenschluss; Die zündende Idee; Der kluge Bäcker; Halbe-halbe

Sprichwörter:

- Teilen ist eine Tugend; Geteiltes Leid ist halbes Leid

Beteiligte Personen:

- Bäcker (Bäckereiverkäufer), 2 Frauen

Situation in Stichworten:

- Zwei Frauen betreten eine Bäckerei, um ein Brot zu kaufen.
- Kurz vor Ladenschluss befindet sich nur noch ein Brot in der Theke. Aber beide Frauen möchten ein Brot kaufen.
- Sie sind wütend, jede von beiden beharrt darauf, dass es „ihr" Brot sei. Der Verkäufer steht ratlos davor.
- Plötzlich hat der Verkäufer eine Idee.
- Er schneidet das Brot in zwei Hälften.
- Beide Frauen verlassen angeregt plaudernd den Laden.

Wichtige Begriffe:

Bäckerei, Brot, Gedanken, Theke, Streit, Idee, Messer, Lösung

beeilen, zeigen, verlangen, beharren, schimpfen, teilen, freundlich

Mögliche Erzählperspektiven:

allwissender Erzähler, aus der Sicht einer der beiden Frauen, aus der Sicht des Verkäufers

Impulse:

Bild 1: Wohin gehen die zwei Frauen? Was wollen die zwei Frauen dort?
Bild 2: Wie viel Uhr ist es? Was gibt es in diesem Laden alles zu kaufen? Worauf deuten die zwei Frauen?
Bild 3: Welches Gesicht machen die beiden Frauen? Was wollen sie? Wie reagiert der Verkäufer?
Bild 4: Was sagt der Verkäufer?
Bild 5: Was macht der Verkäufer? Welches Gesicht macht dabei eine der Frauen?
Bild 6: Was machen die beiden Frauen?

Weiterführende Fragen:

Worüber könnten sich die zwei Damen beim Verlassen der Bäckerei unterhalten? Was haltet ihr vom Teilen des Brotes? Wie findet ihr die Idee des Verkäufers? Wie hättet ihr reagiert?

„Das Wettrennen"
20 Bildergeschichten zum Schmunzeln - Best.-Nr. 10 682
KOHL VERLAG
Der Verlag mit dem Baum

6 Der gefährliche Gehweg

Fächer: Deutsch, Sachunterricht (Verhalten im Straßenverkehr, „gefährliche" Streiche)

Methodisch-didaktische Überlegungen:

Ein möglicher Einstieg wäre es, den Kindern die Bilder einzeln und nacheinander vorzulegen. Stellen Sie dabei nach jedem Bild Zwischenfragen. Dabei kann nach jedem Bild die Frage gestellt werden, wie die Geschichte wohl weitergehen könnte. Besonders nach den Bildern 2, 3 und 4 werden die Schüler viele Ideen haben.
Diese Bildergeschichte eignet sich aber auch dafür, einen Zeitungsbericht über diesen „Streich" zu verfassen. Natürlich lässt sich mit den klassischen W-Fragen (Wer?, Wann?, Wo?, Was?, Wie?, Weshalb?) auch ein Polizeibericht verfassen. Dabei können die Kinder das Ende noch „ausbauen" und frei bestimmen.

Mögliche Überschriften:

- Das dunkle Loch; Kleine Künstler; Achtung Polizei; Auf den Arm genommen; Das mysteriöse Loch im Gehweg

Sprichwörter:

- Der Teufel ist nicht so schwarz, wie man ihn malt.
- Irren ist menschlich.

Beteiligte Personen:

- ein Junge und ein Mädchen, ein Radfahrer, zwei Polizisten

Situation in Stichworten:

- Ein Junge und ein Mädchen sitzen mit Kreide in den Händen auf dem Gehweg und malen.
- Mit angestrengten, konzentrierten Mienen malen sie einen geöffneten Abflussdeckel und den dazugehörigen Schacht auf den Gehweg.
- Nach Vollendung des „Kunstwerkes" verstecken sich die beiden hinter einem Baumstamm.
- Ein vorüberkommender Radfahrer entdeckt den „geöffneten" Abflussschacht, steigt ab und telefoniert mit dem Handy.
- Es erscheinen zwei Polizisten im Polizeiauto. Einer der beiden prüft mit dem Fuß das dunkle Loch. Er sieht ziemlich verdutzt aus, während der andere Polizist und die Kinder hinter dem Baum lächeln.

Wichtige Begriffe:

Gehweg, Kreide, Baum, Radfahrer, Handy, Polizei
malen, verstecken, erschrecken, wundern, verdutzt

Mögliche Erzählperspektiven:

allwissender Erzähler, aus der Sicht des Polizisten als Polizeibericht nach der Klärung des Falles, aus der Sicht eines der Kinder

Impulse:

- Bild 1: Wo sind die zwei Kinder? Was machen sie?
- Bild 2: Was haben die beiden gemalt? Wie sehen ihre Gesichter aus?
- Bild 3: Wieso stehen die zwei Kinder nun hinter dem Baum?
- Bild 4: Was/Wen beobachten die zwei Kinder? Was macht der Radfahrer? Was denkt der Radfahrer wohl?
- Bild 5: Welches Gesicht machen die zwei Polizisten? Was macht der eine Polizist mit dem Fuß? Was denken sich die 2 Kinder hinter dem Baum?

Weiterführende Fragen:

War das kleine Kunstwerk der Kinder nur ein Streich oder doch etwas mehr? Wie denkt ihr darüber? Was haben wohl die Polizisten darüber gedacht?

KOHL VERLAG Der Verlag mit dem Baum
„Das Wettrennen“
20 Bildergeschichten zum Schmunzeln - Best.-Nr. 10 682

7 Der Ausverkauf

Fächer: Deutsch, Sachkunde

Methodisch-didaktische Überlegungen:

Diese Bildergeschichte können Sie als Puzzle einführen. Dabei bieten sich folgende Methoden an: Kleinere Klassen können von Ihnen zuvor zurechtgeschnittene Puzzlestücke aus Overheadfolie gemeinsam am OHP zusammensetzen. Größere Klassen bilden max. Vierergruppen und setzen die Bildergeschichte aus Papier zusammen. Die Papierpuzzlestücke können Sie in einem Briefumschlag aufbewahren. Dabei haben Sie aber auch folgende Variationsmöglichkeiten: Bilden Sie 7 Gruppen. Vergrößern Sie alle 7 Bilder der Geschichte und kleben sie diese auf festeren Karton. Geben Sie jeder Gruppe ein in Puzzlestücke geschnittenes Bild. Nun puzzeln die Gruppen „ihr Bild" und kleben es auf Karton auf. Anschließend spannen Sie eine Wäscheleine für alle gut sichtbar auf und ordnen die gepuzzelten Bilder in der richtigen Reihenfolge mit Wäscheklammern an. Ein Tipp: Klären Sie zum besseren Verständnis die Begriffe „Ausverkauf" und „Schuh-Discount".

Mögliche Überschriften:

- Verwechslung; Einkaufsträume; Dumm gelaufen

Sprichwörter:

- Irren ist menschlich.

Beteiligte Personen:

- Zwei Frauen, jeweils ein kleiner Junge und ein kleines Mädchen im Kinderwagen, ein Schuhverkäufer, eine Kassiererin

Situation in Stichworten:

- Eine Frau geht zum Ausverkauf, um Schuhe zu kaufen. Sie probiert gerade ein Paar Schuhe an. Neben ihr steht der Kinderwagen mit ihrem Kind.
- Eine zweite Frau kommt hinzu und stellt ihren Kinderwagen neben den anderen.
- Beide Frauen werden von einem Schuhverkäufer beraten.
- Beide Frauen gehen zur Kasse und bezahlen mit einem zufriedenen Gesicht.
- Sie gehen vor dem Schuh-Discount in verschiedenen Richtungen mit ihren Kinderwagen davon.
- Die erste Frau bemerkt nach einiger Zeit verdutzt, dass ein kleiner Junge anstatt ihres Mädchens im Kinderwagen sitzt. Der 2. Frau geht es umgekehrt.

Wichtige Begriffe:

Ausverkauf, Schuhe, Kundin, Kinderwagen, Verkäufer, Kasse, Schuh-Discount, Schrecken

beschäftigt, anprobieren, zufrieden, vertauscht

Mögliche Erzählperspektiven:

allwissender Erzähler, eine der beiden Frauen, aus der Sicht eines Babys (schwer!)

Impulse:

Bild 1: Wo befindet sich die Frau und was tut sie? Wer sitzt im Kinderwagen?
Bild 2: Wer kommt hinzu, um auch Schuhe zu kaufen?
Bild 3: Was macht der Mann? Wie reagiert die Frau darauf?
Bild 4: Wieso sind die zwei Frauen an der Kasse?
Bild 5: Wohin gehen die beiden Frauen?
Bild 6/7: Wieso machen die beiden Frauen so ein betroffenes Gesicht?

Weiterführende Fragen:

Was ist zwischen den Bildern 3 bis 7 geschehen? Warum haben die Frauen wohl die Kinderwagen vertauscht?

Kasse

8 Der fleißige Tankstellenbesitzer

Fächer: Deutsch, Sachunterricht, Ethik/Religion

Methodisch-didaktische Überlegungen:

Die entscheidende Frage dieser Bildergeschichte ist es, wie es eigentlich zu dem platten Reifen gekommen ist. Die Schüler können darüber spekulieren und anschließend die Spekulationen mit dem tatsächlichen Ende vergleichen. Eine mögliche Hilfe für Formulierungen im Aufsatz könnte sich aus folgender Aufgabe ergeben: „Beschreibt in einem mind map die einzelnen Personen der Tankstelle". Dies könnte folgendermaßen aussehen:

```
Die Kassiererin              Der Mechaniker
verschlossen, ...            helfend, hinterlistig,
                             betrügerisch, ...
              ( Die Tankstelle )
Neuer Tankstellenkunde       Der erste Kunde
ahnungslos, beschäftigt, ... tankend, betreten, sauer,
                             bedrückt, verwundert, überrascht, ...
```

Die Bildergeschichte kann auch helfen, ein Gespür dafür zu entwickeln, wann etwas nur ein Streich ist oder Handlungen in die Kriminalität abrutschen.

Mögliche Überschriften:

- Die Tankstelle; Geschäftstüchtig; Der platte Reifen; So ein Pech!; Reifentausch; Der Betrug; So ein Schlitzohr; Die Tankaktion

Sprichwörter:

- Wer anderen eine Grube gräbt, fällt selbst hinein

Beteiligte Personen:

- tankender Mann, Mechaniker, Kassiererin, neuer Tankstellenkunde

Situation in Stichworten:

- Ein Mann steht an der Tankstelle, tankt seinen Wagen voll und schaut auf die Zapfsäule.
- Er bemerkt zu seinem Bedauern, dass er vorne links einen platten Reifen hat.
- Der Mechaniker wechselt das Rad, während ihm der Mann mit bedrückter Miene zusieht.
- Der Mann zahlt das Benzin und den Reifenwechsel bei der Kassiererin.
- Er verlässt die Tankstelle und steckt sich den Geldbeutel in die Hosentasche.
- Er kommt an die Zapfsäule zurück und beobachtet den Mechaniker dabei, wie er einem tankenden Kunden den Vorderreifen zerstört.

Wichtige Begriffe:

Tankstelle, Auto, Reifen, Mechaniker, Wagenheber, Kassiererin, Mann, spitzer Gegenstand, Betrug, Aufdeckung

platt, bezahlen, sauer, verdutzt, hinterlistig

Mögliche Erzählperspektiven:

allwissender Erzähler, aus der Sicht des betrogenen Kunden

Impulse:

Bild 1: Wo ist der Mann und was macht er?
Bild 2: Was bemerkt der Mann?
Bild 3: Was macht der Mechaniker? Wie ist der Gesichtsausdruck des Mannes?
Bild 4: Wo steht der Mann? Was möchte die Frau hinter dem Tresen von ihm?
Bild 5: Wieso greift sich der Mann an die hintere Hosentasche?
Bild 6: Wer befindet sich alles an der Zapfsäule? Was macht der Mechaniker? Wieso sind über dem Mann im grauen Anzug zwei Ausrufezeichen?

Weiterführende Fragen:

Wie würdet ihr auf die Entdeckung des Mannes reagieren? Würdet ihr den anderen Kunden warnen? Wie würdet ihr das Verhalten des Mechanikers bezeichnen?

9

„Das Wettrennen“
20 Bildergeschichten zum Schmunzeln - Best.-Nr. 10 682
KOHL VERLAG
Der Verlag mit dem Baum

9 Der Angsthase

Fächer: Deutsch, Sachkunde, Religion/Ethik

Methodisch-didaktische Überlegungen:

Das Bild 1 kann als Einstieg in die Stunde gezeigt werden. Die Schüler spekulieren, was der Junge mit den dunklen gelockten Haaren zu dem einzeln stehenden Jungen wohl gesagt hat. Wie reagiert der Junge darauf? Kennen die Schüler ähnliche Situationen? Hier können die Schüler ihre eigenen Erfahrungen mit in die Bildergeschichte bringen. Fast jeder hat in diesem Bereich schon seine Erfahrungen gemacht. Gibt es Probleme in der Klasse, bei denen oft ein Mitschüler die Zielscheibe ist, lässt sich diese Bildergeschichte auch als Einstieg in das Thema einsetzen.
Eine nützliche Hilfestellung für das Aufsatzschreiben kann es sein, wenn die Gedanken des Jungen in Bild 2 und 3 als Rede formuliert werden. Ebenso hilft es den Schülern, wenn der Junge seinem Hund etwas sagt, ihn z.B. begrüßt oder ihm erzählt, was geschehen ist. Das letzte Bild lässt viele Schlüsse zu. Sie können die verschiedenen Ideen in einem Brainstorming an der Tafel sammeln. Die Fantasie der Schüler wird so angeregt.

Mögliche Überschriften:

- So ein Schreck; Mein bester Freund...; Der Hasenfuß; Wer sind nun die Angsthasen?; Vorbilder

Sprichwörter:

- Wer anderen eine Grube gräbt, fällt selbst hinein.
  Wer zuletzt lacht, lacht am besten.

Beteiligte Personen:

- 4 Jungen, 1 Hund

Situation in Stichworten:

- 3 Jungen stehen zusammen und machen sich über den vierten Jungen lustig. Sie bezeichnen ihn als Angsthasen.
- Die drei Jungen zeigen Erschrecken, während sich der vierte Junge umdreht und eher neugierig schaut.
- Die drei Jungen rennen davon, während sich der Angsthase einem riesigen Dalmatiner zuwendet.
- Lächelnd schaut er an der Seite seines Hundes auf die drei Angsthasen, die auf einem Baum Zuflucht gesucht haben.

Wichtige Begriffe:

Angsthase, Schrecksekunde, Flucht, Begrüßung
ärgern, betroffen, ängstlich, verdutzt, froh, überrascht

Mögliche Erzählperspektiven:

allwissender Erzähler, aus der Sicht des Jungen mit dem Hund, aus der Sicht eines der anderen drei Jungen

Impulse:

Bild 1: Wieso steht einer der vier Jungen abseits? Was machen die drei Jungen mit ihm?
Bild 2: Welches Gesicht machen die drei Jungen? Was bedeuten die Ausrufezeichen über deren Köpfen? Wohin schauen alle vier Jungen? Welches Gesicht macht der Junge, der abseits steht?
Bild 3: Wo sind die drei Jungen jetzt? Wieso lächelt der allein stehende Junge?
Bild 4: Wieso sitzen die drei Jungen im Baum? Was drücken ihre Gesichter aus? Was denkt sich wohl der Junge mit dem Hund?

Weiterführende Fragen:

Wer ist nun der Angsthase? Wie ist die Beziehung zwischen dem Jungen und dem Hund? Wie werden die drei Jungen auf dem Baum wohl zukünftig dem Hundefreund gegenübertreten?

„Das Wettrennen"
20 Bildergeschichten zum Schmunzeln - Best.-Nr. 10 682
KOHL VERLAG Der Verlag mit dem Baum

10 Regeln, Regeln!

Fächer: Deutsch, Sachunterricht, Ethik/Religion

Methodisch-didaktische Überlegungen:

Die Geschichte ist hervorragend geeignet, einen Einstieg in den Themenbereich „Werte, Normen, Regeln, Verbote" zu finden. Dabei können sich die Kinder mit dem Jungen in der Geschichte identifizieren. Von Vorteil ist, dass nicht der alleswissende, regeleinhaltende Vater den ermahnenden Vortrag hält, sondern er selbst auch Fehler begeht. Dies kann auch darauf hindeuten, dass wir alle Fehler machen. So lässt sich dieses Thema auf spaßige Weise einführen. Das Stichwort Wandertag kann im Sachunterricht Anschluss finden. So lässt sich auf die heimatliche Umgebung eingehen und auch das Verhalten in der freien Natur kommt nicht zu kurz. Auch Müllvermeidung und Umweltverschmutzung können thematisiert werden.

Mögliche Überschriften:

- Der Wanderausflug; Regeln, Regeln; Wer nicht hören will, muss fühlen!; Verbote; Der Familienausflug

Sprichwörter:

- Wer nicht hören will, muss fühlen!

Beteiligte Personen:

- Wanderführer und drei Wanderer oder
- Vater, Mutter, zwei Kinder und der Ziegenbock

Situation in Stichworten:

- Eine Familie macht einen Wanderausflug.
- Der Junge schmeißt ein Kaugummipapier auf die Wiese.
- Vater erzählt von dem Verbotsschild: „Müll ablagern verboten!"
- Der Vater möchte als erster das Ziel erreichen, er beachtet dabei das Hinweisschild nicht und er verlässt den Wanderweg.
- Plötzlich steht er einem bösen und angriffslustigen Ziegenbock gegenüber.

Wichtige Begriffe:

Wanderausflug, Familie, Kaugummipapier, Vortrag, Umweltverschmutzung, Sieger, Verbots-/Regelschilder, Ziegenbock, Gefahr

fröhlich, kauend, schimpfen, belehren, betroffen, bedrohlich, beachten

Mögliche Erzählperspektiven:

aus der Sicht des Jungen (des Vaters, der Schwester, der Mutter), aus der Sicht des Ziegenbocks, aus der Perspektive des allwissenden Erzählers

Impulse:

Bild 1: Wer ist unterwegs? Was tun sie? Wieso tragen sie Rucksäcke? In welcher Landschaft sind die Personen unterwegs?

Bild 2: Was macht der Junge? Wie ist sein Gesichtsausdruck?

Bild 3: Was sagt der Vater? Wie wirkt sein Gesichtsausdruck? Welche Reaktion zeigt das Gesicht des Jungen?

Bild 4: Welchen Vortrag hält der Vater? Was will der erhobene Zeigefinger dem Jungen zeigen?

Bild 5: Welches Ziel hat der Vater? Wieso steigt er über den Absperrzaun? Was beachtet er dabei nicht?

Bild 6: In welche Situation ist der Vater geraten? Was sagen die Augen des Ziegenbocks? Worauf zeigt der Junge?

Weiterführende Fragen:

Wie geht die Geschichte aus? Wie könnte der Kommentar des Jungen aussehen? Halten die Erwachsenen immer die von ihnen geforderten Regeln ein?

11

„Das Wettrennen"
20 Bildergeschichten zum Schmunzeln - Best.-Nr. 10 682
KOHL VERLAG Der Verlag mit dem Baum

11 Autogrammstunde

Fächer: Deutsch, Sachkunde (Mein Körper, Eitelkeit...)

Methodisch-didaktische Überlegungen:

Stellen Sie die Bildergeschichte bis zum 5. Bild vor und lassen Sie die Schüler spekulieren, was nun passieren könnte. Bis zu diesem Zeitpunkt sollte geklärt sein, dass das Blatt in Bild 5 von einem Windstoß in die Autogrammstunde gewirbelt wurde. Nun können die Kinder ihren Gedanken freien Lauf lassen. Weiterhin wäre es möglich, die Bildergeschichte als Puzzle einzuführen. Der Begriff „Toupet" bzw. „Perücke" sollte mit den Schülern geklärt werden. Ebenso die Begriffe Idol, Fan und Bewunderer.
Diese Geschichte kann zum Anlass genommen werden, um mit den Schülern über peinliche Situationen zu sprechen. Jeder hat dabei seine eigenen Erfahrungen, die zur Sprache gebracht werden können. Ebenso lässt sich mit den Schülern erörtern, was man unter „peinlich" alles verstehen kann und wann es nicht angebracht ist, sich für etwas zu schämen!

Mögliche Überschriften:

- Der üppige Haarwuchs; Das Idol; Humbold Schwartenfeger; Das Toupet; Peinlich, peinlich!; Der ewig Junggebliebene; Windstoß mit Folgen; ...

Sprichwörter:

- Wer schön sein will, muss leiden.
- Unverhofft kommt oft.

Beteiligte Personen:

- Humbold Schwartenfeger, jede Menge Fans

Situation in Stichworten:

- Viele Leute lesen das große Plakat mit der Ankündigung der Autogrammstunde des berühmten Humbold Schwartenfeger, eines sympathischen, jung aussehenden Mannes.
- Zur Autogrammstunde haben sich schon jede Menge Fans eingefunden.
- Der gefeierte Humbold Schwartenfeger* kommt. Sein Chauffeur hält ihm die Tür der großen Limousine auf, aus der dieser mit strahlender, gutaussehender Mine aussteigt.
- Mit selbstgefälliger Miene schreibt H. S. Autogramme.
- Ein Windstoß wirbelt ein Laubblatt durch die Lüfte. H. S. schaut mit ahnungsvollem besorgten Blick hinterher.
- Der nächste Windstoß sorgt für erstaunte Gesichter, denn H. S. Toupet fliegt von dessen Kopf herunter.

Humbold Schwartenfeger = H. S.

Wichtige Begriffe:

Autogrammstunde, Windstoß, Toupet

beliebt, belagert, wehen, wirbeln, davonwehen, erschrecken, peinlich, überrascht

Mögliche Erzählperspektiven:

allwissender Erzähler, einer der Fans berichtet, aus der Sicht H. S.

Impulse:

- Bild 1: Was steht auf dem großen Plakat? Wie sieht der Mann auf dem Plakat aus?
- Bild 2: Wieso stehen so viele Leute vor dem Plakat? Was wollen sie dort?
- Bild 3: Wer kommt an? Wie verhält er sich? Wie verhält sich der Chauffeur?
- Bild 4: Welchen Gesichtsausdruck hat H. S.? Was macht er?
- Bild 5: Wieso schaut H. S. so besorgt in die Luft?
- Bild 6: Wieso greift sich H. S. an den Kopf? Wie sind die Gesichter der Fans? Wie das des Herrn H. S.?

Weiterführende Fragen:

Wie wird H. S. wohl reagieren, als ihm sein Toupet davonfliegt? Was werden wohl seine Fans über H. S. sagen?

12

„Das Wettrennen“
20 Bildergeschichten zum Schmunzeln - Best.-Nr. 10 682
KOHL VERLAG Der Verlag mit dem Baum

12 Der Briefträger

Fächer: Deutsch, Sachkunde (Hunde, Umgang mit Tieren, Gefahren durch Tiere, Post/Briefträger)

Methodisch-didaktische Überlegungen:

Diese Bildergeschichte eignet sich hervorragend dazu, die Stimmungen des Hundes und die des Briefträgers zu beschreiben. Dabei lassen sich auch jede Menge Adjektive, Verben und Umschreibungen finden. Die Kinder können in Gruppen zu jedem Bild in einem mind map ihre Gedanken aufschreiben.

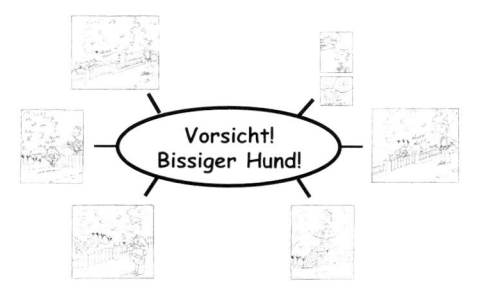

Mögliche Überschriften:

- Vorsicht, bissiger Hund!; Hundealarm; Der findige Briefträger; Ideen braucht der Mensch; Der Hundeschreck; Die Idee; Der tägliche Kampf; Der Angsthase; Der Spieß wird umgedreht

Sprichwörter:

- Ideen braucht der Mensch. Hilf dir selbst, dann hilft dir Gott. Wer anderen eine Grube gräbt, fällt selbst hinein. Angriff ist die beste Verteidigung.

Beteiligte Personen:

- ein Briefträger, ein Hund

Situation in Stichworten:

- Ein Briefträger wirft ängstlich Post in den Briefkasten. Ein bösartig kläffender Hund steht hinter dem Zaun.
- Mit grimmiger Miene überlegt der Briefträger, wie es wär, dem Hund das Maul zuzubinden.
- Dann schnipst er mit den Fingern, denn er hat plötzlich eine tolle Idee.
- Am nächsten Tag steht der Briefträger vor dem Zaun und hält ein Mikrofon aus seiner Tasche, während der Hund ihn wütend anbellt.
- Wiederum einen Tag später wartet der Hund schon ungeduldig auf den verängstigten Briefträger.
- Seelenruhig steht der Briefträger vor dem Zaun und öffnet seine große Tasche. Der Hund sieht ihm überrascht und misstrauisch zu.
- Der Briefträger erschreckt den Hund mit dessen eigenem Bellen vom Tonband. Der Hund ergreift dabei die Flucht.

Wichtige Begriffe:

Hund, Postbote/Briefträger, Maulkorb, Idee, Mikrofon, Gedanken, Tasche, Aufnahme, Gebell, Flucht

bellen, bekümmert, ängstlich, grübeln, überlegen, zitternd, erstaunt, überlegen, fürchten, flüchten

Mögliche Erzählperspektiven:

allwissender Erzähler; aus der Sicht des Hundes; aus der Sicht des Briefträgers

Impulse:

Bild 1: Was passiert am Gartenzaun? Welchen Gesichtsausdruck hat der Briefträger?
Bild 2: Welchen Wunsch hat der Briefträger? Wie sieht der Briefträger aus?
Bild 3: Was bedeutet „Snip"? Warum macht der Briefträger plötzlich einen so zufriedenen Gesichtsausdruck?
Bild 4: Wieso steht der Briefträger mit hämischem Gesichtsausdruck erneut am Gartenzaun vor dem kläffenden Hund? Was hält er in der Hand?
Bild 5: Mit welchen Gedanken wartet der Hund auf den Briefträger?
Bild 6: Wie schaut der Hund, als er sieht, dass der Briefträger gelassen seine Tasche öffnet und scheinbar gar nicht verängstigt ist?
Bild 7: Was hält der Briefträger in seiner Hand? Wie reagiert der Hund? Wie reagiert der Briefträger? Warum rennt der Hund davon?

Weiterführende Fragen:

Wie ist das Verhalten des Briefträgers zu bezeichnen?

13

„Das Wettrennen“
20 Bildergeschichten zum Schmunzeln - Best.-Nr. 10 682
KOHL VERLAG Der Verlag mit dem Baum

13 Das Wettrennen

Fächer: Deutsch, Sport, Bewegungserziehung, Fitness, ...

Methodisch-didaktische Überlegungen:

Alle Läufer brechen erschöpft zusammen – bis auf einen. Bestimmt wissen die Kinder, wie man am besten lange Strecken läuft. Für unerfahrene Kinder wäre es wichtig, dieses Fazit herauszuarbeiten und zu thematisieren. „Lieber langsam, stetig, aber dafür ausdauernd laufen und nicht direkt superschnell, und das dann wohl nur für kurze Zeit."
Die folgende Aufgabenstellung kann den Schülern bei der Ausformulierung helfen: *Findet andere Begriffe für „schnell, langsam, Läufer, bestürzt (die Mienen der Zuschauer)", welche ihr dann zum Erzählen der Bildergeschichte verwenden könnt, damit die Erzählung abwechslungsreicher wird.* Das können die Kinder alleine in Gruppen oder gemeinsam an der Tafel ausarbeiten.
Mit dieser Geschichte kann auch über unterschiedliche und unpassende („Du Schnecke!") Aussagen diskutiert werden. Oder es kann aufgezeigt werden, dass es gelegentlich auch wichtig ist, „seinen eigenen Weg zu gehen". So wie in diesem Beispiel der Läufer, der sich von den Äußerungen der Zuschauer nicht beirren ließ.

Mögliche Überschriften:

- Die Schnecke; Der Stadtlauf; Ein überraschender Sieger

Sprichwörter:

- Eile mit Weile.
- Mit Beharrlichkeit und Ausdauer ans Ziel.

Beteiligte Personen:

- viele Sportler, ein Mann mit Startsignalflagge, viele Zuschauer, Sanitäter mit Krankenwagen

Situation in Stichworten:

- Bei einem Stadtlauf stehen viele Läufer am Start. Der Mann mit der Startflagge schaut auf die Uhr. Die Zuschauer blicken vergnügt, die Läufer entschlossen.
- Die Flagge geht runter, die Läufer rennen wie der Teufel los. Nur ein Läufer trabt gemächlich hinterher.
- Die Zuschauer machen sich über den langsamen Läufer lustig. Einige bezeichnen ihn als „Schnecke".
- Verdutzte Zuschauer betrachten völlig erschöpfte Läufer am Straßenrand, während „die Schnecke" einen nach dem anderen passiert.
- Sanitäter kümmern sich um die erschöpften Läufer, „die Schnecke" läuft weiter.
- „Die Schnecke" kommt lächelnd als Erster im Ziel an, während die anderen Läufer mit den Krankenwagen abtransportiert werden.

Wichtige Begriffe:

Start, Startlinie, Läufer, Flagge, Begeisterung, Schnecke, Erschöpfung, Betroffenheit, Sanitäter, Begeisterung, Ziel, Applaus

lächelnd, lustig machend, auslachen, japsen, versorgen, gewinnen, applaudieren

Mögliche Erzählperspektiven:

allwissender Erzähler, aus der Sicht des langsamen Läufers, aus der Sicht eines Zuschauers

Impulse:

Bild 1: Wieso sind so viele Menschen versammelt? Worauf warten sie?
Bild 2: Wieso schauen alle den Staubwolken hinterher? Sind schon alle Läufer über die Startlinie gelaufen?
Bild 3: Was sagen die Zuschauer über den langsamen Läufer?
Bild 4: Wieso schauen die Zuschauer so betroffen aus? Wie geht es den Läufern? Was macht der als „Schnecke" bezeichnete Läufer?
Bild 5: Was machen die Sanitäter mit den am Boden liegenden Läufern?
Bild 6: Wer läuft als erster ins Ziel? Was geschieht im Hintergrund?

Weiterführende Fragen:

Der Läufer, der als „Schnecke" bezeichnet wurde, hat das Wettrennen gewonnen. Was hat er anders gemacht als die anderen Läufer?

KOHL VERLAG Lernen mit Erfolg
Der Verlag mit dem Baum
„Das Wettrennen“
20 Bildergeschichten zum Schmunzeln - Best.-Nr. 10 682

14 Waldbrandgefahr

Fächer: Deutsch, Sachkunde (Feuer, Verhalten im Wald, Regeln, usw...)

Methodisch-didaktische Überlegungen:

Diese Bildergeschichte eignet sich hervorragend dazu, die wörtliche Rede und verschiedene Dialoge zu üben. Gerade das lässt sich zuvor besonders gut in Rollenspielen üben. Sie können also folgendermaßen vorgehen:

1. Sprechen Sie zuerst den Inhalt der Geschichte mit den Schülern durch.
2. Bilden Sie aus Ihrer Klasse mehrere Gruppen, die die Bildergeschichte als Rollenspiel nachspielen sollen. Dabei ist der Arbeitsauftrag sehr wichtig: Die Kinder sollen ausführlich miteinander sprechen.
3. Geben Sie jeder Gruppe nur 5 bis 10 Minuten Zeit zum Üben.
4. Anschließend stellt jede Gruppe dem Rest der Klasse ihr „Rollenspiel" mit den entsprechenden Dialogen vor. So entstehen mehrere Varianten für die Dialoge.
5. Nun sollen die Schüler in Partnerarbeit eine Dialogvariante aufschreiben. Schon ist ein „Rohgerüst" für eine lebendige Bildergeschichte fertig.

Mögliche Überschriften:

- Der Waldbesuch; Das Feuer; Warnungen; Das Verbotsschild; Verhalten im Wald; Der Waldbrand; ...

Sprichwörter:

- Die Letzten beißen die Hunde. Wer nicht hören will, muss fühlen.

Beteiligte Personen:

- 2 Mädchen (davon eines mit halblangen, offenen Haaren und eines mit einem Pferdeschwanz), 3 Jungen (davon einer mit Brille, einer mit stacheligem Haarschnitt und einer mit glatten, kurzen Haaren)

Situation in Stichworten:

- 5 Kinder wandern durch den Wald.
- Zwei Jungen zünden auf einer Lichtung ein Feuer an, obwohl dort ein Verbotsschild aufgestellt ist. Das Mädchen, das sie darauf aufmerksam macht, wird als Angsthase bezeichnet.
- 2 Mädchen und 1 Junge stehen abseits und schauen mit besorgten Gesichtern den anderen beiden beim Feuermachen zu.
- Das Feuer brennt und nun stehen alle 5 begeistert dabei.
- Plötzlich entdeckt einer der Jungen, dass ein Ast über der Feuerstelle in Brand geraten ist. Alle haben erschrockene Gesichter.
- Die beiden Jungen, die das Feuer entzündet haben, rennen davon. Die anderen 3 bleiben entsetzt stehen, während schon das „Tatütata" der Feuerwehr zu hören ist.

Wichtige Begriffe:

Waldbesuch, Angsthase, Verbotsschild, Feuer, Trockenheit, Brand, Feuerwehr

hinweisen, mulmig, nicht einverstanden, anzünden, vergnügt, bestürzt, hören, flüchten

Mögliche Erzählperspektiven:

allwissender Erzähler, aus der Sicht eines der Kinder; aus Sicht der Feuerwehr oder ein Zeitungsbericht von der Polizei

Impulse:

Bild 1: Wo befinden sich die fünf Kinder?
Bild 2: Was machen die zwei Jungen? Wie nennt einer von ihnen das Mädchen? Worauf deutet das Mädchen?
Bild 3: Wie schauen die beiden Mädchen und der eine Junge?
Bild 4: Wie reagieren die fünf Kinder jetzt? Was machen sie?
Bild 5: Worauf zeigt einer der Jungen? Wie reagieren die Kinder?
Bild 6: Was machen die zwei „Brandleger"? Wie reagieren die drei übrigen Kinder? Was ist zu hören?

Weiterführende Fragen:

Wie geht die Geschichte wohl weiter? Wie wird die Feuerwehr wohl reagieren? Wieso hat sich die Stimmung der drei Kinder von Bild 3 zu Bild 4 verändert?

15

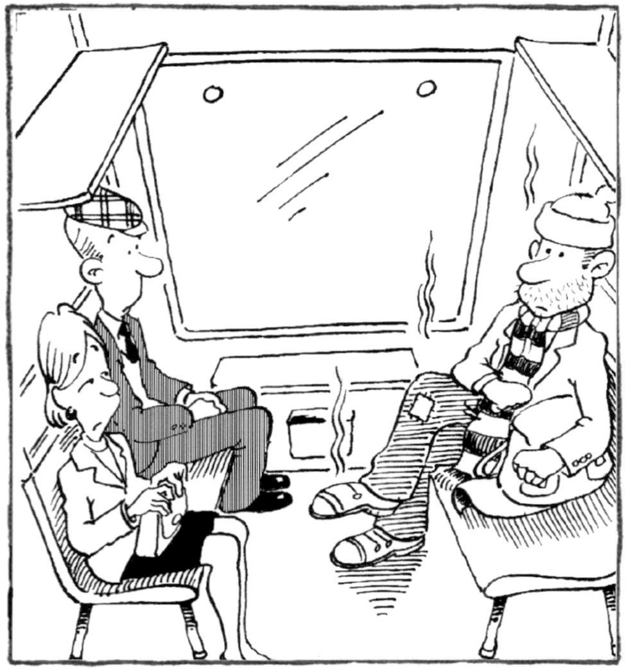

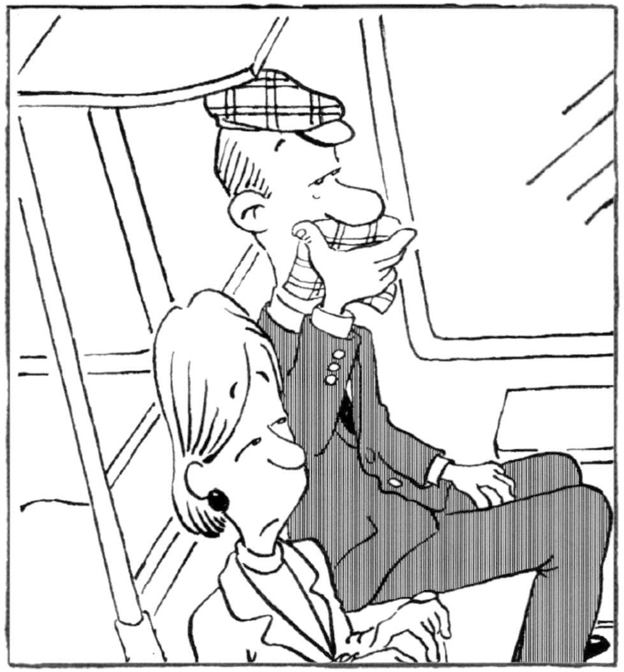

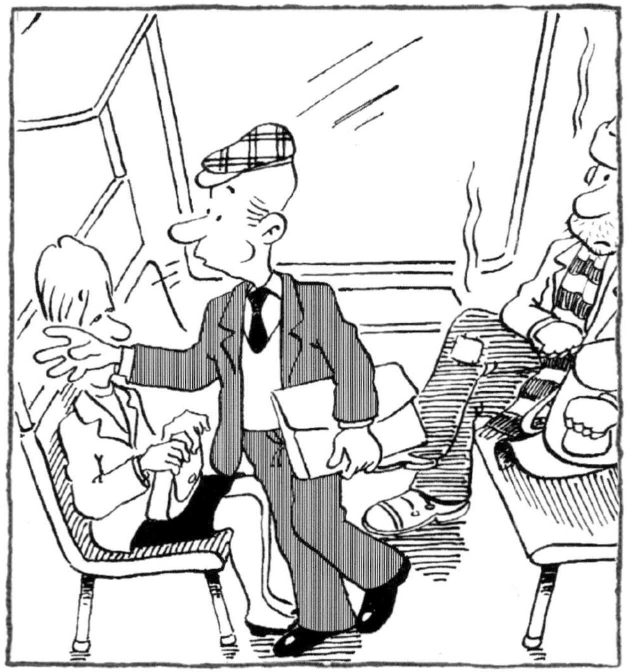

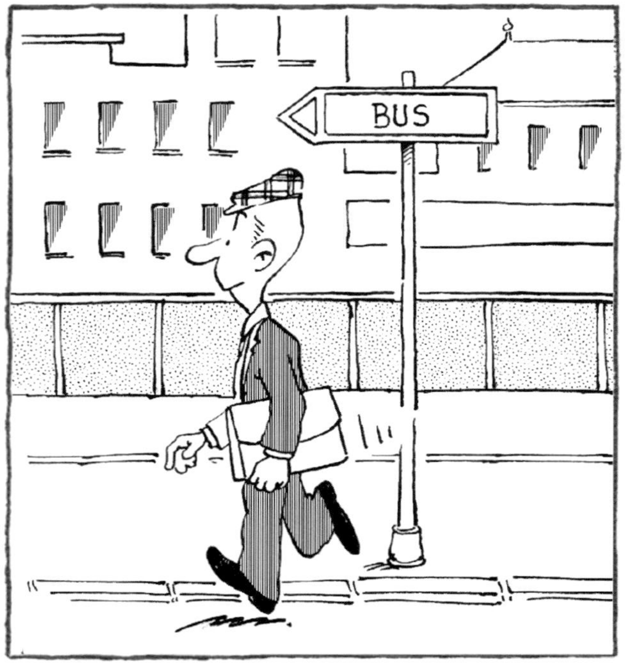

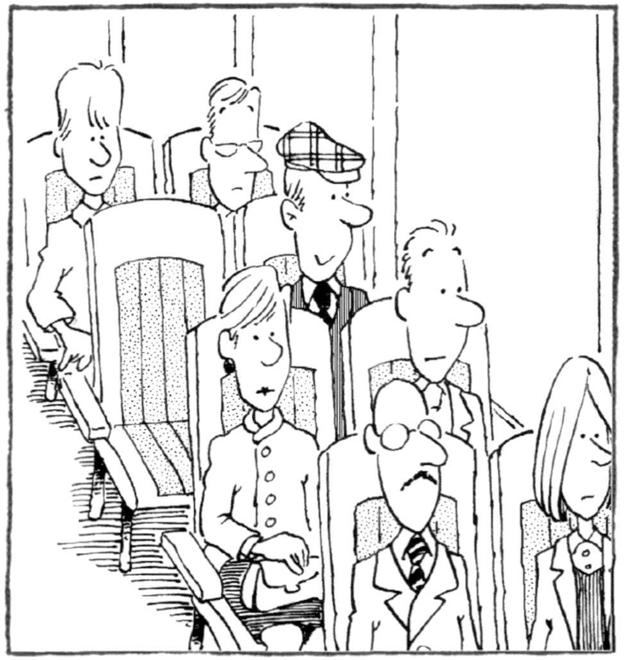

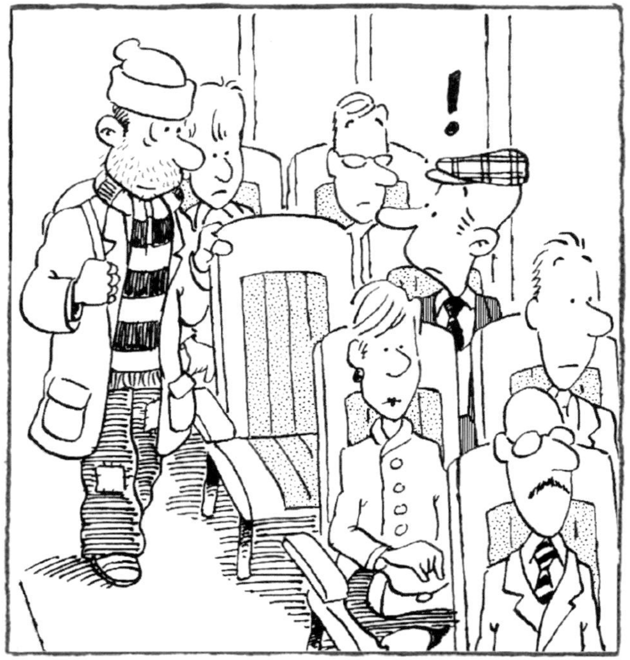

15 Geruchsbelästigung

Fächer: Deutsch, Sachkunde (Hygiene, Toleranz gegenüber anderen Menschen), Religion/Ethik

Methodisch-didaktische Überlegungen:

Diese Bildergeschichte ist nicht unproblematisch. Deshalb sollten Sie die Geschichte auch mit den Schülern Bild für Bild besprechen. Dabei wären folgende Punkte zu beachten:
- Toleranz gegenüber anderen Menschen
- Achtung vor Menschen, die anders sind
- Gesellschaftliche Randgruppen
- Körperhygiene
- soziales und nicht verletzendes Verhalten (Verhaltensregeln)

Natürlich können nur Sie selbst entscheiden, welche dieser sozialen Aspekte für Ihre Klasse geeignet sind oder wie reif und „verständig" Ihre Schüler sind. Während der Erarbeitung sollten Sie auch den Ortswechsel vom Zugabteil zum Bus ansprechen, damit allen Kindern der Höhepunkt der Geschichte klar wird. Sammeln Sie mit den Schülern Adjektive für die jeweiligen Gesichtsausdrücke der beteiligten Personen.

Mögliche Überschriften:

- Toleranz; So ein Pech!; Die Heimfahrt; Der Stinker; Das darf doch nicht wahr sein!

Sprichwörter:

- Ein Unglück kommt selten allein. Vom Regen in die Traufe.

Beteiligte Personen:

- ein feiner Herr, eine Frau im Zugabteil, ein Mann mit nicht ganz sauberer Kleidung, mehrere Leute im Bus

Situation in Stichworten:

- Ein elegant gekleideter Herr, eine Frau und ein Mann in schmutziger Kleidung, die schlecht riecht, sitzen gemeinsam in einem Zugabteil.
- Der feineHerr findet den Geruch der Kleidung sehr unangenehm und hält sich ein Taschentuch vor Nase und Mund.
- Schließlich verlässt er schwer ausatmend das Zugabteil.
- Er geht über die Straße zum Bus.
- Fröhlich sitzt er im Bus. Neben ihm ist ein Platz frei.
- Plötzlich kommt der unangenehm riechende Mann in den Bus und will sich auf den Platz neben dem Herrn setzen. Der Mann macht daraufhin ein entsetztes Gesicht.

Wichtige Begriffe:

Zugabteil, Geruch, Belästigung, Taschentuch, Sitzplatz, Bus

übel, verlassen, miefen, gehen, fröhlich, leer, bestürzt

Mögliche Erzählperspektiven:

allwissender Erzähler, aus der Sicht des eleganten Herrn

Impulse:

Bild 1: Wo befinden sich die 3 Personen?
Bild 2: Wieso hält sich der Mann das Taschentuch vor Mund und Nase? Wohin schaut die Frau?
Bild 3: Was macht der Mann?
Bild 4: Was steht auf dem Schild, an dem der Mann vorbeigeht? Wohin geht er?
Bild 5: Wo befindet sich der Mann nun? Welchen Gesichtsausdruck hat er?
Bild 6: Wer kommt zu dem Mann in den Bus? Wie viele Plätze sind noch frei? Wie reagiert der Mann?

Weiterführende Fragen:

Worin liegt die Ironie der Geschichte? Wie würdet ihr in solch einer Situation reagieren?

16

„Das Wettrennen“
20 Bildergeschichten zum Schmunzeln - Best.-Nr. 10 682

16 In der Ruhe liegt die Kraft

Fächer: Deutsch, Religion/Ethik

Methodisch-didaktische Überlegungen:

Klären Sie mit den Schülern den Spruch bzw. die Weisheit, die der Lehrer an die Tafel schreibt. Erst wenn diese geklärt ist, können sie an die Ausarbeitung des Lehrervortrages aus Bild 2 gehen. Lassen Sie die Schüler als wörtliche Rede aufschreiben, was der Lehrer sagt. Danach haben Sie die Möglichkeit, den Wutausbruch des Lehrers in Bild 5 in Worte zu fasen. Die Bildergeschichte bietet allerdings auch die Möglichkeit, die Gefühle des Lehrers zu thematisieren. Anhand dieser Bildergeschichte lassen sich auch Disziplinprobleme und gelegentliche „Ausraster" des Lehrers besprechen. Man kann Gründe suchen, warum gegen die selbstauferlegten Regeln verstoßen wird. Die Schüler sollen lernen, dass auch Lehrer menschliche Regungen wie alle anderen Menschen haben.

Mögliche Überschriften:

- Der Vorbildcharakter; Das Unterrichtsmotto; Der wütende Lehrer; Der Wutanfall; Kuriose Situation

Sprichwörter:

- In der Ruhe liegt die Kraft. Wie der Herr, so sein Gescherr. Sich an die eigene Nase fassen.

Beteiligte Personen:

- eine Schulklasse mit zahlreichen Schülern, ein Lehrer

Situation in Stichworten:

- Der Lehrer schreibt den Spruch „In der Ruhe liegt die Kraft" an die Tafel.
- Mit entspannter Miene erklärt der Lehrer den Schülern die Bedeutung des Spruches.
- In der letzten Reihe reden 2 Schüler miteinander und hören nicht zu.
- Der Lehrer steht vor den beiden und beginnt zu schimpfen.
- Er regt sich auf, schreit lauthals und bekommt dabei einen knallroten Kopf.
- Als er sich wieder zur Tafel umdreht, ist er überrascht und verdutzt, denn einer der Schüler macht den Lehrer auf sein eigenes Motto an der Tafel aufmerksam. Dabei geht dem Lehrer ein Licht auf.

Wichtige Begriffe:

Tafel, Lehrer, Kreide, Schüler, Spruch, Weisheit, Vortrag, Erklärung, Quatschen, Ärger, Zorn, Kopf, Erleuchtung

aufpassen, vortragen, kichern, zurechtstutzen, unaufmerksam, brüllen, schreien, verstehen, zeigen

Mögliche Erzählperspektiven:

allwissender Erzähler, aus der Sicht des Lehrers, aus der Sicht von einem der Schüler in der Klasse

Impulse:

Bild 1: Was schreibt der Lehrer an die Tafel? Was bedeutet diese Weisheit?
Bild 2: Wieso steht der Lehrer vor der Klasse? Was sagt er wohl?
Bild 3: Was machen zwei der Schüler in der hinteren Bank? Wie ist der Gesichtsausdruck des Lehrers?
Bild 4: Was macht der Lehrer? Wie schauen die zwei Schüler, die gequatscht haben?
Bild 5: Wie ist das Gesicht des Lehrers jetzt? Was macht er?
Bild 6: Was macht ein Schüler in der mittleren Reihe? Wie reagiert daraufhin der Lehrer?

Weiterführende Fragen:

Wie geht die Geschichte wohl weiter?

Riiing...

17 Der Obstkuchen

Fächer: Deutsch, Sachunterricht, Ernährung

Methodisch-didaktische Überlegungen:

Die Bildergeschichte ist ein praktisches Einsteigerthema bei den Bereichen „Verantwortung übernehmen", „Babysitten" oder „Gesunde Ernährung". Die Schüler sollen zuerst nur die Geschichte bis zum vorletzten Bild betrachten. So stellt sich die Frage, wieso dem Kleinkind keine Schuld gegeben werden kann. Dies kann die Schüler zu Diskussionen anregen. Weiterhin sollen die Schüler mögliche Enden für die Geschichte finden. Anschließend wird ihnen das letzte Bild vorgelegt. Nun sollen die Schüler eine Wertung abgeben, wie sie die „Idee" des Babysitters finden, die jede Menge Ärger abwenden soll.

Mögliche Überschriften:

- Der Babysitter; Die geniale Idee; Knabberspaß; Die Überraschung; Gesunde Ernährung; Der verfressene Bruder

Sprichwörter:

- Ende gut, alles gut

Beteiligte Personen:

- Vater, Mutter, Kleinkind und Babysitter (große Schwester)

Situation in Stichworten:

- Die Eltern gehen aus, die große Schwester soll den Babysitter spielen und auf ihren kleinen Bruder achtgeben.
- Als das Mädchen mit dem Jungen spielt, klingelt das Telefon.
- Der Junge spielt alleine. Sein Blick fällt auf die reichlich gefüllte Obstschale auf dem Wohnzimmertisch.
- Während die Schwester/der Babysitter seelenruhig telefoniert, bedient sich der kleine Junge kräftig an der Obstschale.
- Als die Schwester/der Babysitter ins Wohnzimmer zurückkehrt, sieht sie mit Schrecken, dass ihr Schützling alle Obststücke angebissen hat.
- Die Schwester/der Babysitter und der kleine Junge präsentieren den Eltern stolz einen selbstgebackenen Obstkuchen, als diese zurückkehren.

Wichtige Begriffe:

Kleinkind, Babysitter (Schwester), Entsetzen, Telefon, Obstschale, Blick, Obsttorte, die Freude, ...

hüten, aufpassen, telefonieren, stolz, freuen, erblicken, entsetzt sein

Mögliche Erzählperspektiven:

allwissender Erzähler, aus der Sicht der Schwester (des Babysitters), aus der Sicht des kleinen Jungen

Impulse:

Bild 1: Was sagt die Mutter zu der großen Tochter/dem Babysitter? Wieso stehen die Eltern an der Tür?
Bild 2: Was passiert, während die Kinder miteinander spielen? Wieso dreht die Schwester (der Babysitter) den Kopf nach hinten?
Bild 3: Welche Personen sind zu sehen? Wohin fällt der Blick des Jungen?
Bild 4: Was macht der kleine Junge, was die Schwester (der Babysitter)?
Bild 5: Was befindet sich auf dem Wohnzimmertisch? Wie reagiert die Schwester (der Babysitter)?
Bild 6: Wie rettet die Schwester (der Babysitter) die Situation, ohne Ärger zu bekommen? Wie reagieren die Eltern auf die Überraschung?

Weiterführende Fragen:

Müsst ihr gelegentlich auch auf kleinere Geschwister aufpassen? Seid ihr vielleicht selbst schon einmal Babysitter gewesen? Habt ihr durch telefonieren auch schon mal was Wichtiges verpasst? Habt ihr auch schon einmal durch eine „geniale" Idee eine Standpauke abgewendet?

18

KOHL VERLAG Der Verlag mit dem Baum
„Das Wettrennen"
20 Bildergeschichten zum Schmunzeln - Best.-Nr. 10 682

18 Frische Fische

Fächer: Deutsch, Sachkunde (Katzen und ihre Gewohnheiten)

Methodisch-didaktische Überlegungen:

Diese Bildergeschichte bietet die Möglichkeit, sich über das Verhalten von Katzen zu informieren. Auch der Begriff „Verstärkung" sollte geklärt werden. Diese Bildergeschichte muss den Schülern in der vorgegebenen Reihenfolge vorgelegt werden, denn sonst kommt gerade die besondere List der Katze, für Verstärkung zu sorgen, nicht zur Geltung.
Folgende Ideen lassen sich im Unterricht auch gut umsetzen:
- Wie kauft man auf dem Markt ein? (Rollenspiele, Verhalten, Verkaufsgespräche, Höflichkeit)
- Wie ist das Verhalten des Fischverkäufers, wie fühlt er sich wohl im Laufe der Geschichte?
- Was ruft der Fischverkäufer wohl der Katze hinterher, als er sie in Bild 4 verjagt?
- Wie sollte man sich Tieren gegenüber verhalten?

Fazit der Geschichte:
Wichtig: Rache! Der Fischhändler gönnt der Katze scheinbar nicht das kleinste Stück Fisch. Diese will sich das „nicht gefallen lassen" und holt Verstärkung, um es dem Fischhändler heimzuzahlen. Denn in der Mehrzahl ist es einfacher, den Händler zu überlisten und doch noch an den begehrten Fisch zu gelangen!

Mögliche Überschriften:

- Die Verstärkung; Eine schlaue Katze; Ein verhängnisvoller Fehler; ...

Sprichwörter:

- Katzen lieben Fische. Leg dich nicht mit dem Falschen an! Wie man in den Wald hineinschreit, so schallt es zurück. Gemeinsam sind wir stärker!

Beteiligte Personen:

- ein Fischhändler, eine Katze, 2 Kundinnen, viele weitere Katzen

Situation in Stichworten:

- Ein Fischhändler steht mit seinem Verkaufsstand auf dem Markt.
- Eine Kundin steht vor dem Stand und interessiert sich für den Fisch.
- Nachdem die Kundin weg ist, steht eine Katze vor dem Stand und interessiert sich ebenfalls für die ausgestellte Fischware.
- Der Fischhändler verscheucht den ungebetenen „Kunden" mit einem Kochlöffel.
- Eine weitere Kundin taucht auf und wird vom Verkäufer mit freundlicher Miene bedient.
- Die Kundin ist weg und der Fischhändler steht entsetzt in seinem Stand, denn vor ihm befinden sich nun mehr Katzen als zuvor, die vertriebene Katze hat sich jede Menge Verstärkung besorgt ...

Wichtige Begriffe:

Fischstand, Verkäufer, Kundin, Katze, Kochlöffel, viele Katzen, Verstärkung

bedienen, zufrieden, verärgert, verjagen, freundlich, bestürzt

Mögliche Erzählperspektiven:

allwissender Erzähler, aus der Sicht des Fischverkäufers, aus der Sicht der Katze

Impulse:

Bild 1: Wo befindet sich der Mann und welcher Arbeit geht er nach?
Bild 2: Wer kommt zu dem Mann an den Stand. Mit welchem Ziel?
Bild 3: Wer steht nun vor dem Fischstand? Wie reagiert der Verkäufer?
Bild 4: Was macht der Verkäufer nun, was macht die Katze?
Bild 5: Welcher Tätigkeit geht der Verkäufer nun erneut nach?
Bild 6: Wer taucht nun vor dem Stand des Verkäufers auf? Was hat die vertriebene Katze sich besorgt? Wie ist der Gesichtsausdruck des Verkäufers?

Weiterführende Fragen:

Was bedeutet der Begriff Verstärkung? Was lieben die Katzen? Wie könnte die Geschichte nun weitergehen?

„Das Wettrennen“
20 Bildergeschichten zum Schmunzeln - Best.-Nr. 10 682
KOHL VERLAG
Der Verlag mit dem Baum

20 Sauberkeit am Arbeitsplatz

Fächer: Deutsch, Sachkunde

Methodisch-didaktische Überlegungen:

Zeigen Sie die Geschichte nur bis zum vierten Bild. Lassen Sie Ihre Schüler in Worte fassen, was bisher geschehen ist. Stellen Sie gemeinsam Vermutungen an, was nun noch passieren könnte. Bestimmt haben einige Schüler sehr ähnliche Ideen. Anschließend können Sie mit Ihren Schülern ins Detail gehen. Fassen Sie den Arbeitsauftrag aus Bild 1 und das Entsetzen aus Bild 3 in eine wörtliche Rede des Meisters. Das hilft den Schülern, den Aufsatz zu gestalten. Eine weitere Hilfestellung wäre es, die unterschiedlichen Reaktionen der zwei Personen beschreiben zu lassen. Dies kann in Partner- oder Gruppenarbeit geschehen. Ein interessantes Fazit sind die Gedanken des Gesellen, als dieser den Eimer über dem Kopf hat.

Mögliche Überschriften:

- Das passende Vorbild; Der Chef kann es einfach besser; Dumm gelaufen!

Sprichwörter:

- Hochmut kommt vor dem Fall. Unverhofft kommt oft. Wer den Schaden hat, braucht für den Spott nicht zu sorgen.

Beteiligte Personen:

- der Malermeister, der Geselle (Azubi)

Situation in Stichworten:

- Der Meister gibt seinem Gesellen den Auftrag, die Fenster zu streichen.
- Mit Engagement streicht er die Fenster, aber er verkleckst dabei überall die Farbe.
- Der Meister kommt zurück und sieht die Bescherung. Er ist entsetzt und schlägt die Hände vors Gesicht.
- Schließlich stellt er den Farbeimer aufs Fensterbrett und streicht selbst weiter. Den Gesellen schickt er nach draußen. Der verlässt das Haus genau unter dem Fenster, das der Meister gerade streicht.
- Der Meister stößt an den Farbtopf, der fällt dabei vom Fensterbrett.
- Der Meister schaut dem aus dem Fenster fallenden Farbtopf nach. Dieser fällt dem Gesellen auf den Kopf. Der Geselle wird mit Farbe überschüttet.

Wichtige Begriffe:

Fenster, Meister, Geselle, Pinsel, Farbeimer, Volltreffer, Kopf

streichen, sorgfältig, verkleckst, entsetzt, umstoßen

Mögliche Erzählperspektiven:

allwissender Erzähler, aus der Sicht es Meisters, aus der Sicht des Gesellen

Impulse:

Bild 1: Was sagt der Meister zum Gesellen?
Bild 2: Wie arbeitet der Geselle? Wie sieht das Zimmer aus?
Bild 3: Wie reagiert der Meister, als er sieht, wie sein Geselle gearbeitet hat?
Bild 4: Was macht der Meister nun? Wo befindet sich der Geselle? Was ist unterhalb des Fensters, das der Meister streicht?
Bild 5: Wieso schaut der Meister so entsetzt?
Bild 6: Warum schaut der Meister aus dem Fenster? Wen traf der Farbeimer?

Weiterführende Fragen:

Wieso ist es für diese Bildergeschichte so entscheidend, dass gerade der Meister den Farbeimer aus dem Fenster stößt? Was wird sich wohl der Geselle nach dem sechsten Bild denken?

Zur Person von Heinz Wild!

Am 27. Mai 1947 wurde ich im schweizerischen Mittelland als edles Kind meiner Eltern geboren. Nach einigen Untersuchungen stand fest, dass ich männlich war, was dazu führte, dass ich sofort in die Schweizer Armee eingeteilt wurde, vorratshalber.

Nun wuchs ich heran, was bald den erheblichen Nachteil hatte, dass sich die Institution Schule für mich zu interessieren begann. Mehr über dieses Thema zu sagen oder zu schreiben, habe ich mich stets standhaft geweigert.

Nach der Schulzeit wurde ich Elektriker. Nach einigen Kurzschlüssen führte ein weiterer dazu, dass ich Lehrer wurde. Danach bestand, meine Hauptbeschäftigung darin, aufzupassen, dass kein Schüler das Schulzimmer unberechtigterweise verlässt.

Als Nebenbeschäftigung begann ich vor ein paar Jahren zu zeichnen: Cartoons und Illustrationen, zuerst für das Schulblatt, später auch für andere Zeitungen.

Seit 1988 habe ich aus meiner Nebenbeschäftigung meinen Beruf gemacht. So kam ich auch dazu, für den Kohl-Verlag diese Bildergeschichten zu zeichnen. Außerdem bin ich Vater von zwei inzwischen erwachsenen Mädchen. Mit meiner Frau wohne ich in Seon, im Kanton Aarau und besitze heute mehrere Bleistifte, einige Tuschfedern, auch Farbstifte und – darauf würde ich nie verzichten – einen Radiergummi!

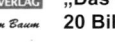

Aufsatz & Freies Schreiben

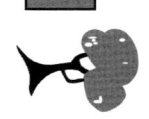

Kohls beliebte Reihe „Aufsatz kinderleicht"

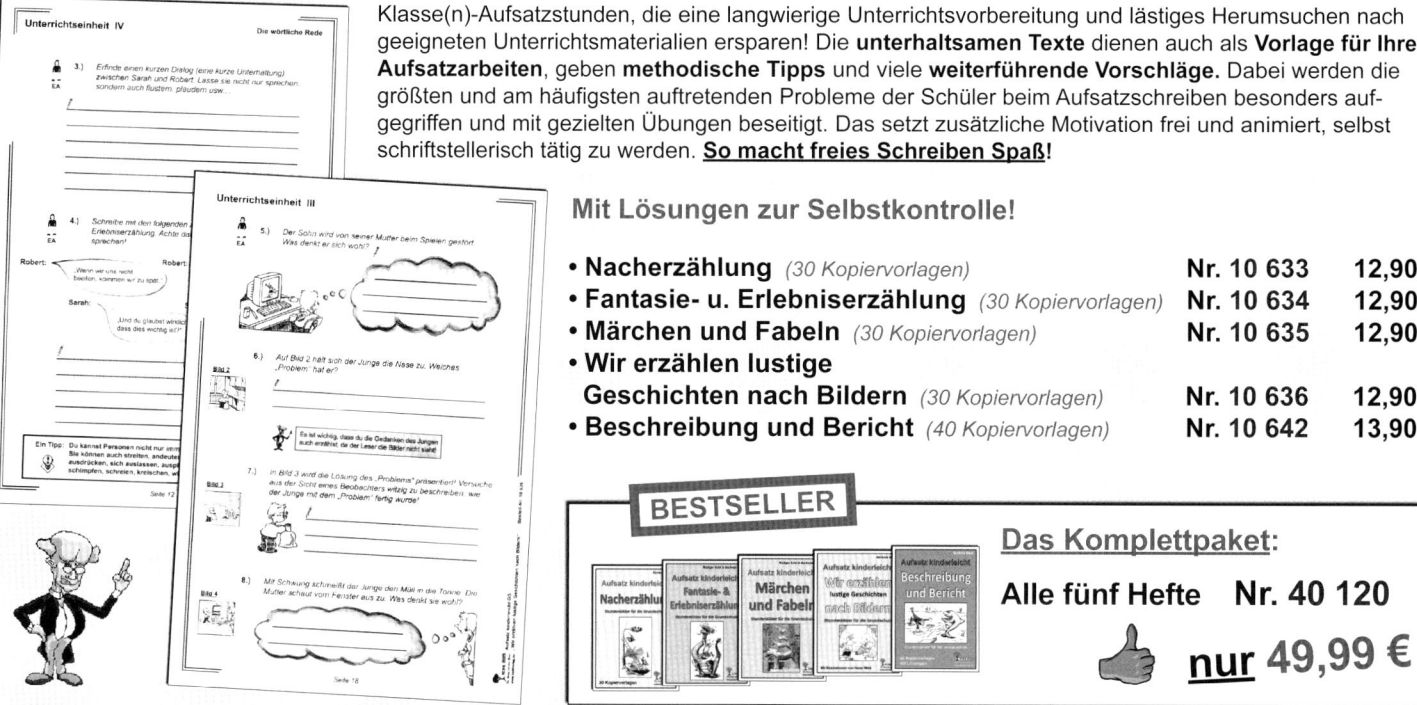

Aufsatz kinderleicht
Nacherzählung
Stundenbilder für die Grundschule
30 Kopiervorlagen
Gerlinde Maier

Aufsatz kinderleicht
Fantasie- & Erlebniserzählung
Stundenbilder für die Grundschule
Rüdiger Kohl & Gerlinde Maier

Aufsatz kinderleicht
Märchen und Fabeln
Stundenbilder für die Grundschule
Rüdiger Kohl & Gerlinde Maier

Aufsatz kinderleicht
Wir erzählen lustige Geschichten nach Bildern
Stundenbilder für die Grundschule
Mit Illustrationen von Heinz Wildi
Gerlinde Maier

Aufsatz kinderleicht
Beschreibung und Bericht
Stundenbilder für die Grundschule
40 Kopiervorlagen mit Lösungen
Gerlinde Maier

Klasse(n)-Aufsatzstunden, die eine langwierige Unterrichtsvorbereitung und lästiges Herumsuchen nach geeigneten Unterrichtsmaterialien ersparen! Die **unterhaltsamen Texte** dienen auch als **Vorlage für Ihre Aufsatzarbeiten**, geben **methodische Tipps** und viele **weiterführende Vorschläge**. Dabei werden die größten und am häufigsten auftretenden Probleme der Schüler beim Aufsatzschreiben besonders aufgegriffen und mit gezielten Übungen beseitigt. Das setzt zusätzliche Motivation frei und animiert, selbst schriftstellerisch tätig zu werden. **So macht freies Schreiben Spaß!**

Mit Lösungen zur Selbstkontrolle!

- **Nacherzählung** (30 Kopiervorlagen)
- **Fantasie- u. Erlebniserzählung** (30 Kopiervorlagen)
- **Märchen und Fabeln** (30 Kopiervorlagen)
- **Wir erzählen lustige Geschichten nach Bildern** (30 Kopiervorlagen)
- **Beschreibung und Bericht** (40 Kopiervorlagen)

Nr. 10 633   12,90 €
Nr. 10 634   12,90 €
Nr. 10 635   12,90 €
Nr. 10 636   12,90 €
Nr. 10 642   13,90 €

BESTSELLER

Das Komplettpaket:
Alle fünf Hefte   Nr. 40 120
nur 49,99 €

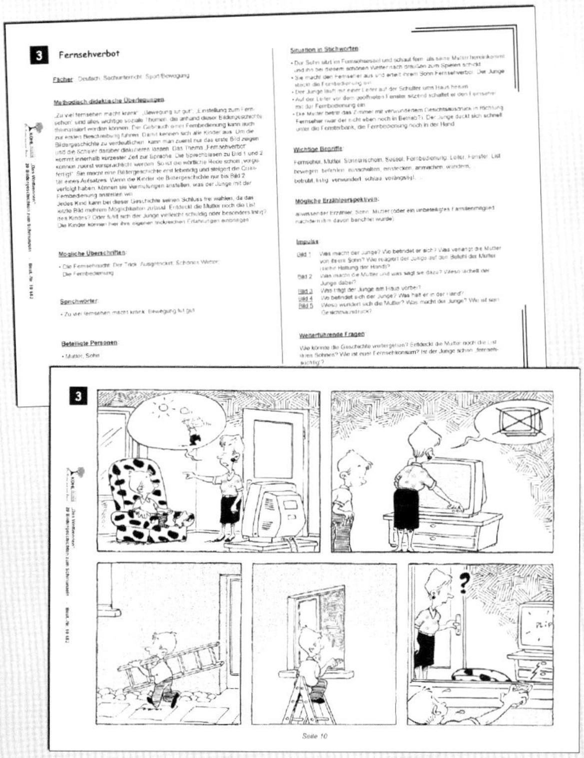

Das Wettrennen
Lynn-Sven Kohl & Ulrike Stolz
20 Bildergeschichten zum Schmunzeln
Mit witzigen Zeichnungen von Heinz Wildi

Der Volltreffer
Heinz Wildi & Petra Lindner-Köhler
20 Bildergeschichten zum Schmunzeln

20 Bildergeschichten zum Schmunzeln

Liebevoll gezeichnete Bilder aus der Feder des bekannten Zeichners Heinz Wildi. Beide Bände enthalten **20 Bildergeschichten** und speziell dazu erstellte **Anregungen zum Fabulieren und Erzählen**. Nebenbei werden soziale Denkanstöße mit Humor vermittelt. Die Bände sind **fächerübergreifend** einsetzbar in den Fächern Deutsch, Religion und Sachunterricht! Je 40 Kopiervorlagen!

- „Der Volltreffer"   Best.-Nr. 10 028   14,80 €
- „Das Wettrennen"   Best.-Nr. 10 682   14,80 €
- Beide Bände: Best.-Nr. 40 096   **nur 22,90 €**

Kohl-Verlag • Kirchenstr. 16 • 50170 Kerpen • Bestell-Hotline: 02275 / 331610 • Fax: 02275 / 331612

www.kohlverlag.de

Aufsatz & Freies Schreiben

Kohls preisgünstiges Aufsatz-Paket für die Grundschule:

Vier unserer beliebten Aufsatz-Themenhefte zu einem Paket zusammengestellt! Dieses enthält die *Lernwerkstatt Aufsatztraining*, *Reizwortgeschichten*, *Fortsetzungsgeschichten* sowie die *Aufsatzbeurteilung in der Grundschule*. Greifen Sie zu diesem umfassenden und zugleich preisgünstigen Aufsatz-Paket für die GS!

Nr. 40 108   nur 41,80 €

Lernwerkstatt Aufsatztraining

BESTSELLER

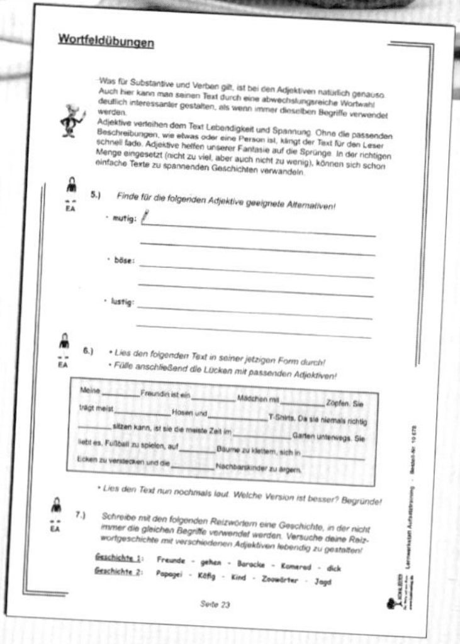

Fast jeder Schüler kann lesen und schreiben. Aber dabei auch noch gut zu formulieren – dies fällt den meisten schwer. Die Ausdrucksweise unserer Schüler ist oft fehlerhaft. Schnell stolpert man über einzelne Ausdrücke, Fremdwörter, falsch verwendete Begriffe usw.. Viele Schüler haben es schnell aufgegeben, ihren Stil zu verbessern. Das muss nicht sein! Diese Lernwerkstatt versucht Wege zu „gutem" Deutsch aufzuzeigen. Es wird auf die typischen sprachlichen **Stolpersteine aufmerksam gemacht**. Dies wird unter anderem mit Hilfe von **Wortschatzübungen, Stilübungen und Fehlerbeispielen** erreicht. Bessere Ergebnisse beim Freien Schreiben bleiben da nicht aus! Die Kopiervorlagen wirken motivierend, da die Schüler schnell Fortschritte erzielen können! **Ab dem 4. Schuljahr einsetzbar. Mit Lösungen!**

40 Kopiervorlagen

Nr. 10 678   14,80 €

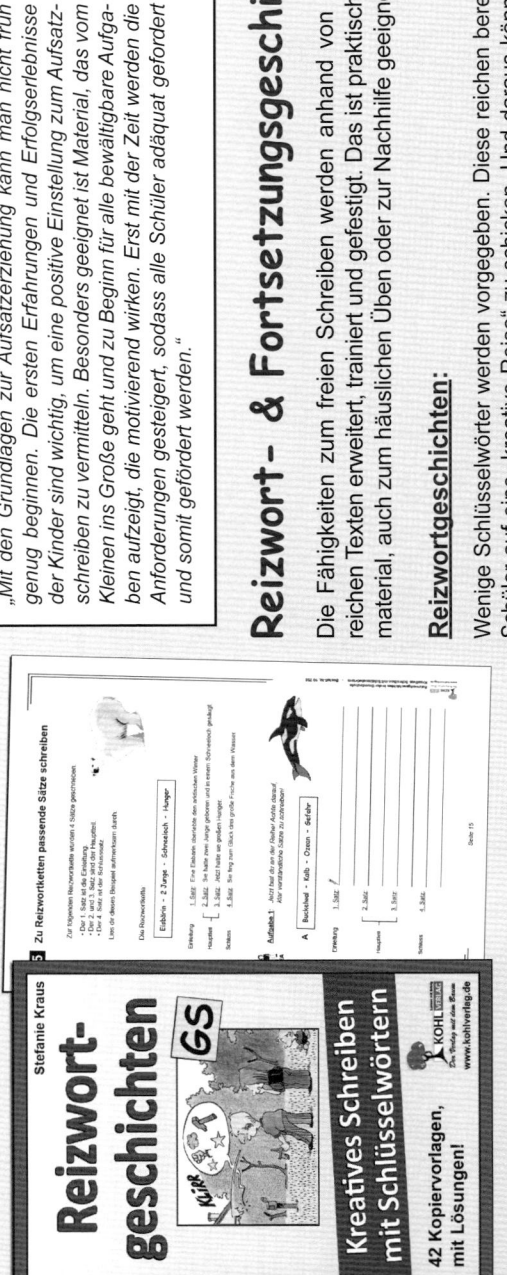

Stefanie Kraus

„Mit den Grundlagen zur Aufsatzerziehung kann man nicht früh genug beginnen. Die ersten Erfahrungen und Erfolgserlebnisse der Kinder sind wichtig, um eine positive Einstellung zum Aufsatzschreiben zu vermitteln. Besonders geeignet ist Material, das vom Kleinen ins Große geht und zu Beginn für alle bewältigbare Aufgaben aufzeigt, die motivierend wirken. Erst mit der Zeit werden die Anforderungen gesteigert, sodass alle Schüler adäquat gefördert und somit gefördert werden."

Reizwort- & Fortsetzungsgeschichten

Die Fähigkeiten zum freien Schreiben werden anhand von abwechslungsreichen Texten erweitert, trainiert und gefestigt. Das ist praktisches Freiarbeitsmaterial, auch zum häuslichen Üben oder zur Nachhilfe geeignet!

Reizwortgeschichten:

Wenige Schlüsselwörter werden vorgegeben. Diese reichen bereits aus, um die Schüler auf eine „kreative Reise" zu schicken. Und daraus können richtig originelle und spannende eigene Geschichten entstehen. Eine große Herausforderung, die nicht nur Spaß macht, sondern auch dabei hilft, frei zu formulieren und „*seinen eigenen Stil*" zu finden!

42 Kopiervorlagen, mit Lösungen!

Nr. 10 756   14,80 €

Fortsetzungsgeschichten:

Alle Texte brechen an ganz bestimmten Stellen ab, das Ende fehlt. Anhand von praktischen Übungen wird die Fortsetzung der Geschichte zur Aufgabe gestellt, was mit etwas Hilfestellung sicherlich leicht fallen wird! Die Aufgabenstellungen machen den Schülern großen Spaß!

38 Kopiervorlagen

Nr. 10 519   14,80 €

Das kreative Sparpaket:

Beide Hefte zusammen:

Nr. 40 098   nur 25,90 €

Kohl-Verlag • Kirchenstr. 16 • 50170 Kerpen • Bestell-Hotline: 02275 / 331610 • Fax: 02275 / 331612

www.kohlverlag.de